講話CD付き

どう生きるか なぜ生きるか

稲盛和夫
INAMORI KAZUO

サンマーク出版

どう生きるか　なぜ生きるか

目次

人生を動かす運命という力

人生の横軸となる「因果応報の法則」

「因果応報の法則」は運命をも変える

波瀾万丈の人生をいかに生きるか

人生の目的は心を高めること

お釈迦さまの教えを人生に生かす

生き方の神髄 1

稲盛和夫箴言集——89

装丁・造本　菊地信義＋水戸部功
編集協力　京セラ株式会社　稲盛ライブラリー
京セラコミュニケーションシステム株式会社
逍遙舎
編集　斎藤竜哉（サンマーク出版）

本書は、二〇〇一年七月十七日に行われた「盛和塾中部地区合同例会」での講話をＣＤに収録し、その内容を書籍にまとめたものです。講演会場にて録音された音源のため、一部お聞き苦しい箇所がある場合がございます。どうかご了承ください。

書籍は収録した講話を文章にしたものですが、読みやすくするために、一部表現を変えるなど編集を加えてあります。

どう生きるか　なぜ生きるか

人生を動かす運命という力

人にはそれぞれの運命がある

いま、不景気なわけですけれども、その中で「あなたの会社はどうですか？」と聞くと、「ウチはまあまあですわ」とおっしゃるところもあるし、「やっぱり非常に悪いですわ」とおっしゃるところもあります。

その一方で、アイスクリームや清涼飲料水をつくっているところでは、「この猛暑のために、過去にないほどのすばらしい業績をあげています」とおっしゃったりと、千差万別です。同じ不況といっても、その中で全部違うわけです。

そういうことを考えてみても、私どもの人生というものがどのように成り立っているかというと、それぞれの人生は、生まれたときからそれぞれに「運命」というものをもっているのです。つまり、どういう人生を送っていくのかという運命が、それぞれの人に定まっているわけです。

そして、その運命は個人に定まっているだけではありません。世界の中にも運命というものがある。地球の運命があり、日本という国の運命があります。また日本だけではなくて、名古屋なら名古屋という地方に備わった運命もあります。

つまり、そういう大きな運命の波の中に、自分個人の運命が浮かんでいるわけです。

ですから、日本全体として政界もたいへんだ、経済もたいへんだといっても、みんな同じようにたいへんではない。ほんとうにたいへんなところもあれば、みんなは不景気だというけれども、ウチは非常に好調だというところもある。

そういう地球レベルという大きな運命のうねり、そして日本という国の運命、また地方の運命があり、その中で自分個人の運命というものが漂っている。

そのために、それがどういうふうに折り重なって自分の局面に表れるのかという問題があるので、同じ不況といっても同じような不況ではない。

みんなが同じようになるかと思うと、そうではない。それぞれが違った体験をするわけです。

大きな運命のうねりの中に、個人の運命という船が浮かんで流れていくので、当然、自分自身の運命も上がり下がりがあります。

大きなうねりが重なってきますから、グッと上昇するときもあるし、落ち込むときにはグッと落ち込んでいくときもある。それが運命なのです。

運命を否定して何の益もない

近代的な教育を受けた者にとっては、運命などあるはずがない、たまたま偶然なのだ、という意見が一般的でしょう。

たとえばある人が病気になった、ある人が交通事故にあった、経営が破綻《はたん》した、経営がうまくいった、それはすべて偶然の産物であり、偶然がたくさん折り重なったもので人生が構成されている。

もともと決まっている運命なんてチャンチャラおかしい、そんな奇妙奇天烈《きてれつ》なことをいっては人心を惑わすものだというふうに、近代科学では証明できないものは信じてはならない迷信だと、一笑に付されてきたわけです。

ですが、運命というものは、人類の有史以来たいへんな問題であったのです。

いま、私がみなさんに一生懸命話しているのと同じように、人生を生きながら、なぜ私はこういうことになっていくのだろうということは、人類にとって不可思議なことだったわけです。

人類は有史以来、運命というものがあるのなら、私の未来はどうなるのだろうかと悩み、研究をしてきました。

そのために中国では易、つまり八卦見《はっけみ》というものができました。これは、れっきとした学問です。

筮竹《ぜいちく》を鳴らして易を立てるというものがありますが、これは易学といって中国で何千年と続いている学問なのです。

またヨーロッパでは星占い、占星術という、これもたいへんな学問があります。

人類は有史以来、膨大な資料を使って、どうにかして運命というものを知ろう、未来を知ろうとしてきたわけです。

我々が人生を歩いて、たとえば病気になったり、不況に遭遇したり、従業員といっしょに苦労したりするのはなぜか。そういう悩みは有史以来、人類がずっともちつづけてきたものなのです。

なぜそうなるのかということを考えてみると、そこに運命というものがあるのではないだろうか。あるとすれば、その運命をあらかじめ知りたい、予知したいと思うために、占いという易学が発達し、ヨーロッパでは占星術が発達した。そして必死になって、みんなこれを学問として学んできたのです。

ですから、運命というものは近代的な学問、科学的には証明されていませんが、私は厳然としてあると思っていますし、またそう思うべきだと思います。否定してみたところで何の益もありません。

運命は科学ではありません。科学的には証明されてはいませんが、否定してみて何の益があるかと思うのです。

私は、それよりも運命というものを肯定するほうが、はるかに人生を理解しやすいし、間違いなく人生を生きていく術《すべ》を得ることができると思うのです。

私は理工科系の大学を出て、とくに物理化学が好きでした。数学も好きで、論理の合わないものには納得しません。すべて化学を通じて展開し、技術開発をしてきましたから、私はまさに合理的、科学的なものをもっとも信じているひとりだと思います。

そこまでやっている私が、人生というものを説こうとするときに、運命というものを否定してみて何の益になるのかと思っているわけです。

益がないどころか害があるぐらいで、私は運命というものを肯定する必要があると思っています。

ぜひ、運命というものが人生にはあるのだということと、大きな運命から含めて、自分個人の運命もあるということを、まず人生を考えるときには肯定し、納得していただきたいと思います。

人生の横軸となる「因果応報の法則」

思念が因をつくり結果となって表れる

運命というものは、人生を貫いていく縦軸として存在します。つまり、運命という縦軸に沿って一生が流れていくわけです。

もう一つ、人生の横軸には——織物には縦糸があって横糸がありますが——「因果応報」という法則が存在します。

因果応報の法則とは、よい因、よいことをすればよいことが生ずるし、悪いことをすれば悪い結果が生まれる。善因は善果を生み、悪因は悪果を生むということです。人生の横軸には、この因果応報の法則があるわけです。

この「因」とは、生きている間に自分自身が思ったこと、考えたこと、そして実行したことです。

私はこれを、「思念」というふうにいいました。思念は業（カルマ）をつくる。

我々は「思っただけやないか」というふうに思いますが、そんな軽いことではない。実はその思ったことが原因をつくってしまうのです。恨み、つらみ、いろんなことを考えただけで、もう原因をつくってしまうのです。

そしてその原因は、必ず「結果」を生みます。お釈《しゃ》迦《か》さまは「縁によって果が生ずる」といっておられますが、原因が生ずれば、それは原因のままで残るのではなく、必ず結果を生んでいくということです。

思念は業（カルマ）をつくる。その業、カルマとは原因のことです。原因があり、それによって結果が生まれる。

それはどういう法則になっているのかといえば、よいことを思い、よいことをすれば、よい結果が生まれます。悪いことを思い、悪いことをすれば、必ず悪い結果が生まれます。そういう法則なのです。

長いスパンでみれば因果はピタリと合う

この因果応報の法則は、必ずしもすぐにそのとおりの結果が出ない。そういうことがあるために、我々は因果応報の法則があることをあまり認めたがらないのです。

あれだけよいことをしたのに、なぜあの人はああいうふうに苦しんでいるのだろう。あの人は人柄もよくて、あんなによいこともしているのに、かわいそうに、なぜああいうふうに健康に恵まれないのだろう。

そういう人たちもいれば、あの人はああいう悪いことを思い、悪いことをしているのに、なぜ外から見たときに幸せそうに見えるのだろう、なぜ家もいいんだろう。そういうことがままあるのです。

そのために、いくらお坊さんが因果応報の法則のことを説いても、我々一般の凡人は信じられない。そうなっていないではないかと、ついつい思ってしまうのです。

それには二つ、三つの理由があります。まず一つは、因果応報の法則というのは、けっしてすぐには結果が出ない。結果が出るまでに時間がかかってしまうということです。どういう理由なのかはわかりませんが、時間がかかるのです。

私はこれについて次のように考えていました。この因果応報の結果というのはすぐに出ることもあるだろうが、なかなかすぐには出てこない。しかし、二十年、三十年というスパンで人生を長くみれば、必ずそのとおりになっています。

だから、二年や三年では結果は出てこないかもしれませんが、自分の一生の間と考え、二十年、三十年というスパンで考えれば、よいことを思い、よいことをすれば、よい結果が生まれるし、悪いことを思い、悪いことをすれば、悪い結果が生まれる。それはもうハッキリしているのです。

たしかに三十年という長いスパンでは、ワルがいつまでも繁栄していることはありません。そして、よい人がいつまでも不遇であることもありえません。よい人は必ず幸せになっています。三十年というスパンでみれば、だいたい辻褄《つじつま》は合っています。

しかしそれでも、なかには合わないというケースがあるので、なぜなのだろうと悩んでいました。そういうときに知ったのが、次のようなことです。

イギリスはロンドンの町医者が、十人ほどの友人を呼んで、毎週末、自分の家で「降霊会」を開いていた。その町医者自身が霊媒、つまり霊魂を呼び入れることのできる人だったそうです。

その降霊会にいつも出てくるのがシルバー・バーチと名乗るアメリカインディアンの霊だったそうです。その霊が語った内容が『シルバー・バーチの霊言集』という本になって出ていました。

私は、イギリスのような文明度の高い国の首都ロンドンで、インテリの最たる医者が、自ら霊媒となって霊魂を呼んでいるということに、たいへん興味をもったので、その降霊会でいつも出てくる霊魂がどういうことをしゃべっているのか、その本を入手して読んでみたのです。

その中でたった一行、因果応報についてしゃべっている箇所がありました。

「因果応報とは、よいことを思い、よいことをすればよい結果が生まれ、悪いことをすれば悪い結果が生まれるということなのだが、どうもその辻褄が合わない。だから、それを疑い、信じていない人もいると思うが、私（シルバー・バーチ）のいるこの場所からみなさんの生きている現世を見通せば、一分一厘の狂いもないくらい、悪いことを思い、悪いことをした人は悪い結果になっている。よいことを思い、よいことをした人はよくなっている。一分一厘の狂いもないくらいに、この法則はピタッと当たっている」

そういうことを、たった一行なんですが、シルバー・バーチという霊がいっているのです。読んだ瞬間、これはすごいと思いました。

それまで私が解けなかったのは、この宇宙をつくった創造主、神さまがいるとすれば、そういうふうに我我を導きながら、なぜその法則がピシッと合うようにしてくれなかったのかということでした。

この現世、三十年ぐらいのスパンでは、因果応報の法則は合うと思っていたのですが、それでも合わないところがある。えこひいきがあるではないかというこ とだったのです。

けれども『シルバー・バーチの霊言集』を読むと、「私のいる世から見た場合、一分一厘の狂いもないほどに、因果応報の法則は合っている」といっているわけです。

「因果応報の法則」は運命をも変える

よいことをしてもすぐによくならない理由

それからもう一つ、よいことを思えばよい結果が出るわけですが、一方には自分自身がもってきた運命というものがあります。

地球という運命のうねりがあり、その中に国の運命があり、地方の運命があり、そして自分の運命がその上を漂い流れています。その運命というものを縦軸にすると、横軸には因果応報の法則があります。

この二つの法則で、我々それぞれの人生が全部決まっているわけですが、実は因果応報の法則のほうが、運命よりも力が少し強いのです。

ですから、もともと運命というものが定まっていますが、その運命のとおりにはならない。因果応報の法則には運命を変える力があるので、人生は生まれたときにもってきた運命のとおりにはならないのです。

よいことを思い、よいことをすれば、よい結果が生まれるという法則があるために、運命的にみれば非常に悪い運命に差しかかっていたのに、よいことを思い、よいことをすることによって、本来あるはずの落ち込みがなくなるということがあります。

また逆に、運命的には非常によかったのに、悪いことを思い、悪いことをしたために、そのままいけばよくなって上昇していくところが、そうはならなかったということもあります。

運命という法則に対して、因果応報の法則があり、それによって運命というものが変わっていくわけです。

ですから、よいことをしたのにすぐによい結果にならないではないか、1＋1＝2というふうにならないではないかということが、起こるのです。

つまり、よいことをしたために、本来は運命的に落ち込んでいくときだったけれども、落ち込みが少なかった、またはまあまあだった。すると、実は因果応報の法則の結果が出ているのですが、「よいことをしたのに、ちっともよくならんではないか」と思ってしまうわけです。

自らの力で運命を変えた人の物語

因果応報の法則には運命を変える力があるということで、『陰隲録《いんしつろく》』という中国の本のお話をしたことがあります。袁了凡《えんりようぼん》さんという人のお話で、運命は変えられるという内容です。

袁了凡さんが子どものころ、中国の南のほうから来たという白髪の老人に出会い、その老人が了凡少年を見て、お母さんに、「お母さんはこの子を医者にしようとお考えですね」といいます。

お母さんは、「そうです。亡くなった主人も医者でした し、わが一族は医者になることになっているんです。おじいさんも医者でした。ですからウチの子も医者にしようと思っています。母一人子一人の母子家庭ですが、この子を医者にしようと思っています」と答えました。

ところが、その老人は了凡少年を見て、「いや、お母さん、この子は医者にはなりません。科挙の試験(中国の国家公務員試験)を受けて、役人として偉くなっていきます。何歳のときに地方の試験を受けて通り、次の試験も通り、最後には国家試験に受かり、役人になります。そして、年若くして地方の長官に任ぜられます。結婚はしますけれども、子どもはできません。そしてこの子は、五十三歳で往生をします」。

そのように白髪の老人が語るので、了凡少年とお母さんは、不思議なことをいうものだと思って聞いていたのですが、その後、了凡少年が長ずるに及んで老人がいったとおりの道をたどっていきます。地方試験に何人中何番で通るとか、どういうことに遭遇するとか、老人がいったとおりの人生を歩んでいきます。

やがて了凡さんは地方の長官に任ぜられるのですが、長官になった田舎《いなか》の町に禅寺があって、そこにすばらしいお坊さんがおられるというのでその寺を訪ね、お坊さんに会います。

そこで了凡さんは「二人で座禅を組みましょう」と

いわれて、座禅を組みます。そのとき了凡さんが、若いながらも一点の曇りもないようなすばらしい座禅を組むので、老師はビックリして尋ねます。

「なんと！　あなたは若いのに立派な座禅を組まれますな。どこで修行なされました？」

「いいえ、修行らしい修行はしておりません」

「あなたには一点の曇りもない。邪心も迷いもない」

「はい、私には迷いがありません」

「なぜ、迷いがないのだ？」

「実は子どものとき、旅の老人にお目にかかり、私の運命を伝えられました。その後、私はその老人がいったとおりの運命を今日までたどってきました。もう私の運命は決まっているんです。だから、何を悩むことがありましょうか。これ以上偉くなる必要もありませんし、結婚はしていますが、子どもも生まれませんし、五十三歳で死ぬことになっています。もう何も慌てることもなければ悩むこともありません。淡々と決められた運命を生きるだけです」

そのことを聞いた老師は、「何ともあなたは偉い人かと思ったら、そんな大バカ者だったのか」と怒ります。そして了凡さんに、この因果応報の法則があるのだと説いていくのです。

「あなたは何をいっている。たしかにあなたには運命というものがあるし、あなたはその運命のままに生きてきたかもしれない。しかし、運命は変えられないものではない。運命とは宿命ではないのだ。因果応報の法則があるから、運命は変えることができるのだ。もしあなたが、これからもっとすばらしい人生を生きようと思うなら、今日からよいことを思い、よいことをしなさい。そうすれば、必ずあなたの運命は変わっていくでしょう」

そのように老師は了凡さんに説くわけです。

了凡さんは若くして地方の長官になりましたが、素直な人だったとみえて、老師の言葉をいたく肝に銘じ、家に帰ってから奥さんに老師からいわれたことを話しました。

奥さんも素直なよい方だったとみえて、

「それはすばらしいじゃありませんか。でも、ひとりでよいことを思い、よいことをしようと思っても、なかなかできるものではありません。ですから、今日から二人で協力し合いながら、よいことをしていきましょう。もし悪いことを思い、悪いことをしようとしたときには、お互いに注意をしましょう。点取り表をつくって、よいことを思ったらマル、悪いことを思ったらペケをつけて、お互いに今日は何点だったのか、夫婦で競い合っていきましょうよ」

そう奥さんから力づけられたので、了凡さんはそれを続けていきました。すると、五十三歳で亡くなる予定だった運命は変わって、できないといわれていた子どもも生まれ、七十いくつになるまですばらしい人生を送っていきました。

そういうことが『陰隲録』という本の中に書いてあります。運命は因果応報の法則によって変えられるのだということを書いた本は、あまりないのですが、これは安岡正篤さんがお話をするときにしょっちゅう使っておられたという本です。

この本を見てもわかるように、運命という法則に対して、因果応報という法則のほうが若干影響力が強くて、運命を変えていくことができるのです。

ですから、よいことを思い、よいことをしたからといって、すぐによい結果が生まれてこない、遅延してしまうこともあるのは、自分がもとからもっている運命と重なってしまうからなのです。運命と重なって因果応報の法則が行われるものですから、ハッキリと結果が出てこないわけです。

悪かったはずの運命はなぜ変わったか

運命があり、因果応報の法則がそこに加わって人生は変わっていくとお話ししました。

しかし、因果応報の法則――よいことをすればよい結果が生まれ、悪いことをすれば悪い結果が生まれる――ということがきれいに合わないのが問題ですといいました。

その理由の一つは、因果応報の結果が表れるのが遅れてしまうこと、もう一つは運命と重なり合っているためにハッキリと出てこないことがあるといいました。

私の経験で、こんなことがあります。

私は、みなさんには運命の存在を断定して説いておきながら、実は占いをしてもらったことがないのです。若いころには何回かありましたけれども、神社のおみくじを引くのも好きではない。大吉とか小吉などと出てくる占いはあまり好きではないのです。運命というものをこれだけ信じているくせに、です。

というのは、私は運命があると思っているものの、それを知らされるのがイヤだ、知らないほうがいいという思いがあるのです。

人生はベストを尽くして生きていけば、もうそれでいい。よけいなことを知ったためにヘンなふうに考えるほうが、かえって人生を狂わせると思うものですから、私は知らないままにベストを尽くしていこうと思っているわけです。

若いころに私の知り合いにたいへん信心深い人がいて、その方は自分の生活から事業、健康まで、いろんなことを霊能力者に聞いておられました。

たとえば、家を移るときに方角、方位を聞いて参考にするとか、中国の風水に従って住居を変えるなどということが、よくありますね。

その人も、あるすばらしい霊能力者にいろんなことを相談しておられたのですが、いつも自分のことだけではなくて、最後には必ず私の名前を書いて「この人はどうでしょう?」と、よけいなことを聞いてくれて(笑)、その結果を私に電話で伝えてくれていました。

あるとき、その霊能者が私の年齢や生年月日など、いろんなものを聞いて、天中殺、つまり運命的に悪い時期にいるという話をされたそうです。

「いや、おかしいですね。この方は、たしか京セラの稲盛さんですよね。いまをときめく、若い社長さんですよね。この人の運命は非常に悪いところに差しかかっているんですけれども、おかしいですね。たぶん去年ぐらい、他人《ひと》を助けるような、何かよいことをしておられます。聞いてみられたらどうですか。でなければ、この人の生まれながらの運命からいえば、今年はすごく悪くなって、命を失うかもしれないくらいの健康状態になっているはずです。こんなにうまくいっているはずがありません。何かあるはずです」

そういうことをいわれたと聞きました。

そのときはまだ、いまみなさんに話しているようなことを知らなかったものですから、ほう、そんなこともあるのかなという程度でしたが、まさに運命的には最悪の状態に差しかかっていながら、よいことを思い、よいことをしたために、ほんとうなら落ち込んでいるところを、いままでの状態が維持できたということがありえるということです。

そういう意味で、運命と因果応報の法則とが相乗効果でグンとよくなっていくときもありますし、消し合って何の変化もないときがあります。逆に悪いことが重なってうんと悪くなるときもあるわけです。

ですから因果応報の法則というのは、よいことを思い、よいことをすればよい結果が生まれるというふうにはならないケースが非常に多いし、悪いことを思い、悪いことをしたから悪い結果が生まれるというふうにも、きれいにならないことも多い。

つまり、運命と因果応報の法則がダブって作用するために、そうならないことがある。そのために、いまの人生があるのです。

郵便はがき

料金受取人払郵便

新宿北局承認

8720

差出有効期間
2022年11月
30日まで
切手を貼らずに
お出しください。

169-8790

154

東京都新宿区
高田馬場2-16-11
高田馬場216ビル5F

サンマーク出版愛読者係行

ご住所	〒 都道府県	
フリガナ		☎
お名前		(　　　)
電子メールアドレス		

ご記入されたご住所、お名前、メールアドレスなどは企画の参考、企画用アンケートの依頼、および商品情報の案内の目的にのみ使用するもので、他の目的では使用いたしません。
尚、下記をご希望の方には無料で郵送いたしますので、□欄に✓印を記入し投函して下さい。
□サンマーク出版発行図書目録

1 お買い求めいただいた本の名。

2 本書をお読みになった感想。

3 お買い求めになった書店名。

市・区・郡　　　　町・村　　　　書店

4 本書をお買い求めになった動機は?

・書店で見て　　・人にすすめられて
・新聞広告を見て(朝日・読売・毎日・日経・その他=　　　　)
・雑誌広告を見て(掲載誌=　　　　)
・その他(　　　　)

ご購読ありがとうございます。今後の出版物の参考とさせていただきますので、上記のアンケートにお答えください。**抽選で毎月10名の方に図書カード(1000円分)をお送りします。**なお、ご記入いただいた個人情報以外のデータは編集資料の他、広告に使用させていただく場合がございます。

5 下記、ご記入お願いします。

ご職業	1 会社員(業種　　　)	2 自営業(業種　　　)	
	3 公務員(職種　　　)	4 学生(中・高・高専・大・専門・院)	
	5 主婦	6 その他(　　　)	
性別	男・女	年齢	歳

ホームページ　http://www.sunmark.co.jp　ご協力ありがとうございました。

波瀾万丈の人生をいかに生きるか

起こってくる現象にどう対処するか

　この二つの法則——運命と因果応報——によって、我々の人生はでき上がっています。その他にはありません。

　たった二つの原則で、我々の人生はでき上がっているわけです。

　しからば、人生が二つの法則ででき上がっているとすれば、我々が運命と因果応報の法則によって人生の中で出会う現象に、どのような対処をしていけばよいのでしょうか。

この大不況という問題、その中でもうまくいっている人、うまくいっていない人、健康にすぐれない人、家族に悩みのある人、いろんな問題があります。

そういうものにどのように対処をすればよいのか。その対処の仕方によって、人生はまたガラッと変わっていくわけです。

いまからどういうふうに対処すればよいのか、お話をしていきます。

人生は波瀾万丈にできている

自分自身が持って生まれてきた運命。そして生きている間に自分が思うこと、行ったこと、それが原因となって結果を生むという因果応報の法則。この二つでき上がったのが我々の人生です。

その中で、我々は毎日毎日、人生というものに遭遇します。あるときは苦難と思えるような苦しい局面に遭遇することもあります。非常に幸せで、ほんとうによかったなと思えるような楽しいことにも遭遇します。我々はそういう苦楽を織りなした人生に生きているわけです。

仏教を勉強しますと、最初に出てくるのが、お釈迦さまがよいこと悪いことが織りなしている人生を観て、人生とはなんと厳しいものよ、「諸行無常」といわれたということです。

どんなものも安定したもの、一定したものはない。今日は健康かもしれないが、明日は病に倒れるかもしれない。今日はうまく経営ができても、明日には左前になるかもしれない。

世の中の現象、自分の目の前に起こる現象はつねに一定ではなく、安定しない。そのことを「諸行無常」

といいました。

諸行とはすべての現象という意味ですが、諸行は無常——常ならずという教えがあるのです。

人生というのは波瀾《はらん》万丈、一定したものはない。それが我々の人生なのだから、人生は苦しい、苦行だとお釈迦さまは説かれています。

そのような人類が人生を生きるときに、人生は苦なりということで、お釈迦さまは人々が苦しんでいるその「苦」を解いてあげようとして修行されたのです。

自分自身の救いを求めるのではなく、自分の周囲にいる人たちがみんな苦しんでいる。諸行無常なるがゆえに人生苦なり。人生に苦しんでいる衆生を救ってあげるために、お釈迦さまは出家の道を選ばれたのです。

現象面で起こってくることは、我々の目の前にはけっして一定ではない、波瀾万丈なこととして現れてきます。いままでよかったと思っていたことが急に悪くなってみたり、健康にしても、経営にしても、友人関係にしても、何にしても一定なものはないわけです。

いかなる運命にも「感謝の心」で対応する

そういうことがなぜ起こってくるのかは、先ほど二つの法則によるのだと申し上げましたが、そのような現象が起こってきたときに、日々どのように対処をしていくかということが、非常に大事なのです。

その答えはもうハッキリしています。

すなわち、よいことに出会おうとも、悪いことに出会おうとも、どんな運命に出会っても、出会った運命に感謝する心で対応するということです。これはたいへん難しいことです。

たとえば、災難にあったことを感謝しなさいということは、言葉では簡単にいうことができますが、実際に災難にあった人が感謝するのは至難の業です。よほどの修行をしていなければ、そういうふうにはなりません。

しかし、修行をした、しないにかかわらず、「感謝せねばならん」と理性にインプットしていただきたいのです。ほうっておいたら、できやしません。恨みつらみをいうだけにとどまります。

しかし、苦難に遭遇したときに、感謝の心をもって対応するのです。

健康にしても何にしても、苦難、災難にあえば、必ず「なんでオレがこんな目にあわんならんのや」というふうになります。

しかしそれを理性で抑え込んで、感謝の念で対応をする。今日この場で、そのことを理性にインプットしてください。

これは絶対条件なのです。よいときには、ほうっておいても感謝の念が出てくる。みなさんもそう思うでしょう。ところが、実は出てこないのですよ。

よかったらよかったで、当たり前なんだというふうになってしまう。それどころか、「もっと」というふうになる。まして災難にあったときにはなおさら感謝なんて出てくるわけがない。

しかし、災難にあおうとも、よい目にあおうとも、どんなときでも感謝の心で対応する。「ありがとう」という感謝する心で対処するということが、絶対条件なのです。

そして悪い条件——災難やひどい運命に出会った場合には、嘆かず、腐らず、恨まず、愚痴をこぼさず、ただひたすらに前向きに明るく努力を続けていくことが絶対条件になります。

感謝する心が一番進んでいる考え方なのですが、その手前では、腐らず、不平をいわず、恨まず、妬《ねた》まず、苦難に耐えていくということが必要になります。

また、よい目にあったときも感謝する。私だけがこんなによい目にあってもよいものだろうか、もったいないではないかという感謝の心が起こってくれば、当然、よくなったことを傲《おご》らず、つねに謙虚な振る舞いができます。

よいときにも傲らず、偉ぶらず、謙虚さを失わないで、いまこんなに幸せであること、こんなに事業がうまくいっていることに対して感謝するという心。

苦しいとき、災難にあったときも、運命が、または神さまが私にこれだけの災難を与えたとするなら、それはこの苦難を耐えることによって先々何かよいことが私にあろうと思われたからだと感謝し、愚痴をこぼさず、恨まず、妬まず、耐え忍びながら努力を続ける。明るい希望を燃やして努力を続けることが、絶対条件なのです。

いつでも素直さを失わなかった松下幸之助

松下幸之助さんは、自分の家が没落し、学校にも行けなくなって丁稚《でっち》奉公に出されるという逆境、苦しい目にあわれたのですが、そのことをひがまず、嘆かず、前向きに子どものころから奉公先のご主人に仕えて、ご主人に少しでも喜んでもらおうとして、健気《けなげ》にも努力していきます。

一生懸命にがんばってお客さんにも喜ばれ、お客さんから「タバコを買《こ》うてこい」と使い走りを頼まれれば、気持ちよく街角のタバコ屋まで走っていく。

そういう素直で、明るくて、自分の境遇にもめげず、一生懸命に健気に努力する。そんな少年が、あの大松下をつくっていったわけです。

同じような境遇にあった子どもはたくさんいたでしょうし、年がいっていない子どもだけにひがみ根性も出ましょう。いいとこの子は学校にも行けるし、いいものを食べさせてもらえるし、いいものも着させてもらえる。するとやはり、子ども心にひがみが出てくるでしょうし、または恨みつらみにも思うでしょう。

そういうふうに恨みつらみ、ひがみで少年時代を過ごした人は、それほどの大成はしていません。

一方、(松下幸之助さんは)つらい目にあいながらも、自分が置かれた運命、境遇を素直に受け取り、感謝するまでに至ったかどうかはわかりませんが、少なくともそのことを妬んだり、恨んだりはしなかった。

素直に明るく耐え忍びながら、一生懸命に努力したからこそ、松下幸之助さんは大成されたのです。私の場合でも、今日の私があるのは、そういうときにどうしたかによるのではないかと思っています。

ですから同じような逆境に遭遇した場合でも、先々の大発展につながるすばらしい逆境を自然が与えてくれたのかもしれないのに、それにどう対処するかによってその後の運命が変わっていきます。

また、どんな立派な幸運に恵まれようとも、その受け取り方によってはたいへんな災難につながっていくことにもなっていくのです。

感謝は理性で覚え、理性で使う

悪いことに遭遇したり、よいことに遭遇したり、そのときにはどういう心構えで対処しなければならないのかということはたいへん大事です。

しかし、それだけのことができるのは、よほど修行をした人なのです。お釈迦さまのように悟りを開いたような人であれば、何もしなくても、感謝の心で対応できますが、我々凡人はそうなれっこありません。まったく逆のことをしてしまうのが我々です。

ですから、せめて我々には、そうして理性でもって対処する方法しかないのです。

もしほんとうに立派な修行をしていらっしゃる方なら、何もいわなくても、そういうときには自然に感謝の心で対応できます。それが修行をした、悟りを開いた人なのですが、我々凡人にそんなことはできやしません。

ですから、このことを理性で覚えて、理性で入れておき、理性でもって使うということが必要になるわけです。

真理を知っても実践しなければダメ

中堅企業でも中小、零細企業でも、ちょっと成功して自惚《うぬぼ》れて、なかには遊び呆《ほう》けてしまって会社をつぶす人もあります。大小を問わず、人生の中で遭遇したことにどのような対処をしたのかによって、あとの人生が全部決まっていくわけです。

七転び八起きといいます。過去、中小企業なりに大成功をして、その成功に酔い、オレがオレがと有頂天になり、自慢をして、生活も乱れ、そのために倒産をしかけた。

そこから思い直し、いままでの考え方があまりにもデタラメだったと考え直し、いまではすばらしい会社経営をしているという人もおられます。

人生というのは、よいことと悪いことが織りなしていく。波瀾万丈の人生だけに、よいときであれ、悪いときであれ、目の前に起こる現象に、どのように対処したのか。それによって人生はさらに決まっていくのです。

たったこれだけの真実が、みんなわかっておられないし、また、これほど明確に話を聞いたこともないと思います。よしんば聞いたことがあっても、忘れてしまうものですから使えないのです。

だからメモでも取って、理性で思い出すようにしなければならない。修行を積んだ人、悟りを開いた人は、こういう話を聞かなくても使えるのですが、我々凡人では使えはしません。

これだけ単純なことなのです。五つ六つの子どもに教えるようなことなのです。みなさん、大会社の社長さんにこんなバカげたことをいって、たいへん失礼だとは思いますが、しかし、たったこれだけのことを大人になっても知らないのは、もったいないではありませんか。

せっかくそこまでつくってきた人生を台無しにするなんて、その人にとってももったいないですし、社会にとってももったいないことです。関係のない我々にとってももったいない。

それだけの厳然たる真理、ハッキリした真理があるのに、それを誰も教えてくれない。誰も真剣に教えないために、あたら立派な人たちがそういうふうになっていくわけです。

では、まったく知らなかったかというと、知らなかったわけではないのです。いま私がみなさんにこういうふうに区切って、ピシッといいましたから、みなさんもあらためてハッキリおわかりだと思いますが、みんな漠然とはわかっているのです。漠然とわかっていながら、みんなそういう過ちを、犯さなくてもいいのに犯してしまう。

たった一回しかない人生、すばらしい人生を過ごす権利と自由がみんなにあるはずです。

しかしその自由を間違ってしまったために、たとえ小なりといえども、中なりといえども、たった一回しかない人生をすばらしいものにしなければならないのに、自分の心がけ、心構えが違うために、人生を台無しにしてしまうということが、あまりにも多すぎると思います。

そのことを私はたいへん心配しています。

ここまでが第一部の「人生とはいかなるものか」で

す。人生はどういうもので構成されているのか。その人生で起こってくる現象に対して、どのような対処をすればよいのか。ここまでが第一部になります。

人生の目的は心を高めること

波瀾万丈の人生の中で魂を磨いていく

ここからは、人生の目的について、お話をしていきます。

これまで申し上げたような人生を我々は生きていくわけですが、その中で、我々はどういう目的をもって人生を歩んでいけばよいのでしょうか。

結論から先に申し上げます。人生の目的とは、心を高めることなのです。私はそれを、心を純化する、心を浄化する、というふうにもみなさんにいっていますが、人生の目的とは心を高めること、心を純化すること、心を浄化することなのです。

または、人間性を高める、人格を高めること。すべて同意語ですけれども、それが人生の目的です。

この世に生を享《う》けて、我々は運命と因果応報の二つの法則によって波瀾万丈の人生を生きていきます。その波瀾万丈の人生の中で私たちは、自分の心を高める、心を純化する、人間性を高める、人格を磨いていく。それが人生の目的なのです。

つまり、波瀾万丈の人生を経験しながら、それによって自分の魂を磨いていくことが、この人生の目的なのです。

世のため人のために尽くせる美しい心になる

波瀾万丈の人生に遭遇しながら、それに対処し、自分自身の魂を磨いていく、人間性を高めていく、人柄を高めていくことが人生の目的ですが、それを別の言葉に置き換えれば、私は若いころから、世のため人のために尽くすことが、人生の目的だと思ってきました。

人間ができていなければ、心が高まっていなければ、そういうことはできません。ですから、世のため人のために尽くすことが、私にとっての人生の目的だと思ってきたわけです。

なぜそういう結論になったのかといいますと、たとえば、私もみなさんも仕事を一生懸命にしています。ある程度有名にもなり、事業も成功しますが、やがては死を迎えます。

この世に生まれてきてから社会に出るまで、準備期間として二十年ほどの余裕があり、実社会に出て四十年ほど精いっぱい仕事をし、働き、世のため人のために尽くしながらがんばる。そして、あとの二十年は死を迎えるための準備期間です。

私は死というものは魂の新しい旅立ちだと考えていますから、あとの二十年はその旅立ちへの準備だと思っています。前二十年、真ん中四十年、最後二十年――合計八十歳で死ぬということを前提にして、そういうふうに位置づけをしてきました。

ですから六十歳になったとき、あと二十年、死を迎える、魂の旅立ちを迎えるための準備をする必要があると思っていたのですが、忙しさにかまけてしまい、なかなかその準備ができませんでした。

六十五歳になって、もう待ってはいられないと動きはじめたわけですが、仏教のまねごとをしたのも、その一環になります。

そういう中で死というものを見つめてみますと、事業を通じて若干有名になったとか、私の場合には京セラ、ＫＤＤＩその他、いろんなことがあります。
同時に、事業家として立派だとか、いろんなことをいわれます。世界の多くの大学から名誉博士号など、いろんなものをもらったりもしています。

しかし死というものを考えたときに、それは私にとって何だったのかということを思うのです。

財産ができた、立派な会社をつくったということが、はたして私の人生の目的だったのか。若いころは京セラを立派な会社にしたい、世界に誇れるような会社にしたいと思って必死にやってきました。それを目的のようにしてやってきて、達成したように思いますが、はたしてそれが目的だったのかと考えてみますと、どうもそうではなかったようです。

人生の目的とは、その人生の中でどれほどこの世の中に、どれほどこの社会に、どれほど他の人たちに対してよいことをしたのかということ。それがその人にとっての勲章ではないかと思えるようになってきたのです。

世のため人のために貢献すること、それは美しい心でなければできません。ですから、世のため人のために尽くせるような美しいよい心になっていく、心を高めていく、心を磨いていく。それがこの人生に生を享けたことに対する勲章ではないのかと思うようになってきたのです。

そう思うようになってくると、死というものが近づくに従って、私の心がどのようになっているのかということだけが勲章のように思えるし、またそう思うのは、肉体が滅びても私の魂、心を中心にした魂というものは滅びないと思っているからなのです。

その心がどのくらい美しくなったかというのは、波瀾万丈の人生を経て、私の魂は生まれたときよりも、もっとよい魂に変わっているのかどうかということなのです。

つらいこともあった、楽しいこともあった、いろんなことがあったけれども、そのことに遭遇しながら生きてきて、どういう魂になったのか。それが私の宝であり、それが人生の目的ではなかろうかと思うのです。

そして、魂があの世へ旅立っていくときに初めて、私はこの人生を少なくとも一生懸命に生きてきたのだということが、自覚できるのではなかろうかと思うのです。

生まれたときより少しでもきれいな心になる

人生の目的は心を高めること、心を磨くことですといいましたが、心を高める、磨くということをしだしたら、その先は無限にあります。

ですから、どこまで高めたのか、どこまで磨いたのかということではないのです。心を磨こうとしたのか、しなかったのか。磨こうとして、できたところまででいいのです。

心を磨き、魂を磨いていった行き先は、お釈迦さまが悟りを開かれたときの状態が最高のレベルということになります。お釈迦さまが修行をし、座禅を組み、到達された悟りの境地。その境地にまで行くと、すばらしく美しい心になっている。美しい魂になっている。

これ以上はないぐらいに美しいものが、悟りの境地にまで達した魂なのです。我々がその境地にまで到達できるわけがありません。

しかし、生まれたときの魂よりは、死ぬときの魂のほうが少しは進歩していた、少しは磨かれてよくなっていた。そのことが、この人生を得た価値なのです。

生まれたときの魂よりも堕落してしまって、汚れてしまっている魂であの世へ旅立っていく人もいるでしょう。そうではなくて、心を高めることが人生の目的なのだと決めて、生まれたときの魂よりは少なくとも死を迎える直前には、きれいな魂にしていく。もっとよい心にしていく。そうなれば人生の目的を果たしたといえると思います。

そのときの心にはいろんなレベルがあります。高いレベルほどいいにはちがいありませんが、生まれたときよりも死ぬときのほうが、はるかに魂が、心がよくなっていたということが、人生を生きた価値だろうと思います。

お釈迦さまの教えを人生に生かす

万般に通ずる「六波羅蜜」の教え

では、どうすれば心を磨いていくことができるのか。心を高める、経営を伸ばすということを私はいってきました。そしてフィロソフィ、経営には哲学が必要です、考え方が大事なのですといいつづけてきました。

そして、「人生・仕事の結果＝考え方×熱意×能力」という方程式をつくり、「考え方」が大事ですよといってきました。

つまり、経営者としてもつべき哲学、思想、考え方を説いてきたのです。それはまさに「心を高める、経営を伸ばす」ということにおいて、心を高めるために、そういう考え方がいるのだということをいってきたわけです。

フィロソフィ、哲学、それがまさに心を磨くための方法だったのですが、もう一つ、お釈迦さまの説かれた「六波羅蜜《ろくはらみつ》」という修行の方法についてもみなさんに説きました。

それはまさに、私がいつも話をしてきた、こういう経営哲学をもたなければなりませんということと同じなのです。

私は経営哲学をみなさんに説くときに、経営のノウハウといいますか、ハウツーものは説きません。それよりは、経営の根幹にかかわる哲学をお話ししましょうと、よくいってきました。

経営の原理原則とは、経営だけに通ずるものではありません。人間として何が正しいのか、人間として正しいことを貫くことが根幹なのです。経営だけに通ずるものではなくて、まさに人間そのものに通ずることなのです。

ですから、私が説く経営の根本的なフィロソフィ、根本的な哲学は、まさに「人間としていかにあるべきか」ということにつながるわけです。それができていなければ、経営なんかできるわけがありません。

私がそういうふうに説いてきたことと、お釈迦さまが説かれた六波羅蜜が、実は同じようなものであることに、仏教を勉強しはじめてから気がつきました。

六波羅蜜そのものは、悟りを開くためにお釈迦さまが説かれたものですが、それがまさに心を磨く、人生の目的である心を磨くためにはどうしなければいけないのかということとまったく同じですので、みなさんに六波羅蜜の説明をしておきます。

まず他の人のために尽くす心

六波羅蜜とは、これらの修行をすることによって人間の心が浄化され、純化され、そして最終的な悟りの境地に行き着くという修行ですが、その最初にくるのが「布施《ふせ》」です。これは施しをする、世のため人のために尽くすということです。

我々は事業家として企業経営者をしながら、正当な利益を追求し、得た利益で従業員を養い、社会に貢献をしています。その中で、利他の心、他を利するということを、私はたいへん大事にしてきました。一般には、自分の利益を得ることが先行します。自分の利益が第一で、余れば他の人に分けてあげるというのが普通かもしれませんが、そうであってはなりません。

相手の人を助けてあげる、相手に施しをしてあげることによって、我々の事業は成功していくということを、私は最初から説いてきました。

人の悪い評論家のなかには、利他の心を説いて事業経営なんてできるわけがないではないかと笑った人もいるようですが、私は、事業の神髄はそこにある、利他の心がなければ真の事業の成功はない、と思っています。

これはたとえ話ですが、お風呂に入ったときに――最近では家にある小さなお風呂にドボンとつかっておられると思いますが――湯船に入って、手のひらでお湯を向こうへ押しやれば、必ずこちらへ返ってきます。

バカげた話だと思うかもしれませんが、相手のためになろうと思って向こうへ水を押しやれば、その水はこちらに返ってくるわけです。

「情けは人のためならず」といいますが、人のために尽くしてあげることによって自分自身が潤うというふうに、人を助けることが布施なのです。お坊さんにお賽銭《さいせん》をあげることだけが布施ではありません。広く人のために尽くしてあげることが布施なのです。

人のために尽くすということを、人生を生きるなかでしょっちゅう考える、しょっちゅう実行する。それが一つの修行であります。

足るを知り、煩悩を抑える

二つ目の修行が「持戒《じかい》」です。戒律を守るということ、煩悩を抑え、人間として、してはならないことを守るということです。

先ほどもいったように、成功しても、もっと成功を求めてしまう。成功したことに感謝し、足るを知ることが必要であるにもかかわらず、いや、ここまできたのはオレの力だ、もっとやれるはずだと、感謝するどころか、それをまだ不足とする。そして傲慢《ごうまん》にも、さらに突っ込んでいく。それが煩悩なのです。

とどまるところを知らない欲望、足ることを知らない欲望、それを貪欲（とんよく）というのですが、そういうものを含めたものが煩悩であり、それを抑えるのが持戒です。人間としてやってはならないことを抑えるわけです。

労働が人をつくり、心を磨きあげる

三つ目は「精進《しょうじん》」です。誰にも負けない努力するということです。

布施、つまり世のため人のために尽くすことによって魂を磨きます。持戒、つまり、人間としてしてはならないことをしない、ということも心を磨きます。同時に精進、つまり努力をする、働くということも、これら三つのなかでも、とても重要な心を磨く方法なのです。

私どもは経営をしていて、たいへんな苦労をしています。朝は早くから夜は遅くまで、よくも体がもつものだと思うぐらいにがんばっています。そのように努力をすることが、心を磨く、人間をつくるのに最大の効果があるわけです。

ですから経営者でも、まじめに一生懸命にやっている人にそんな悪人がいるはずがありません。中途半端にいい加減な経営をし、栄耀《えいよう》栄華を極めているような人はろくでもない人ですが、ほんとうに苦労し、一生懸命に働いている人は、ほうっておいても人間ができてくるのです。

働くということは、生きる糧《かて》を得るためだけのものではなくて、人間をつくっていくうえにおいてたいへん大事なことだと思っています。ところが、二十世紀に入り、ロシアで共産革命が起こり、精神というものを蔑《ないがし》ろにした、いわゆる唯物論が世界を席巻していきました。

その中で、労働は給料をもらうための一手段にすぎない、人生を生きていく糧を得るための手段でしかないという考え方が広まっていきました。

なるべく少なく働いて高い給料をもらい、あとは自分自身の娯楽、余暇、趣味に生きていく。それが豊かな人生なのだというふうに我々は理解し、また教わってきました。

また実際に我々は、労働というものを軽視し、あまり働かないほうがよいのだと、戦後一貫して労働時間を短縮してきました。それが正しい道だと思ってきたのです。

その結果が、働かなくなったことによる青少年の犯罪が増え、またはお母さんが幼児を虐待するという問題まで起こるようになってしまった。それはすべて心が貧しいために、心が発達していないために、心が磨かれていないために起こっている現象なのです。

理性で教わっていないという問題もありますけれども、ほんとうに必死に生きてきた人、働いてきた人は、そういうことを教わらなくても、働くということによって知っているんですね。

二宮尊徳は働くことで人格を高めた

二宮尊徳は学問も何もない、一介の農民でしかありません。子どものころに両親を失い、おじさんの家に預けられた尊徳は、朝早くから晩遅くまで小作人として働きます。

向学心に燃え、夜、ランプを灯《とも》して勉強をしていたのですが、おじさんからランプの油がもったいないと怒られ、勉強ができない状態になります。

それでも朝は朝星、夜は夕星を仰ぐまで田地畑で働き通し、やがてすばらしい農業を展開するようになり、貧しい農村を次から次へと再興していきます。そして、みんなからすばらしい人だと評価を受けるようになります。

その二宮尊徳が晩年徳川幕府の殿中に呼ばれ、並み居る侍、諸侯といっしょに殿中に上がったとき、その立ち居振る舞い、言葉遣いは貴族の生まれかと思うほどであったといいます。

一介の農民であり、作法を教わったこともない男の立ち居振る舞い、物腰、しゃべり方が、どこの出だろうかと思われるぐらいに礼儀正しくすばらしいものであったというのです。

朝から晩まで鋤《すき》や鍬《くわ》を持って田地畑で働いた二宮尊徳の例は、その労働がどのように心を磨いていったのかの証明になるわけです。

つまり、一生懸命に働くことによってしか心を磨くことはできない。私はそう思っています。

野球に打ち込むことで磨かれた人間性

みなさんもおわかりになると思いますが、一芸に秀でた人、たとえば大工さんでも、すばらしい大工だ、すばらしい棟梁《とうりよう》だといわれる人のなかには、テレビの対談などを見ても、なんともすばらしい人間性をもっている人がいくらでもおられます。

スポーツ界でも、ほんとうにひたむきに努力をし、精進を重ねた選手は、ひと皮もふた皮もむけたすばらしい人間性をもっているものです。

今月（二〇〇一年七月）の日本経済新聞の「私の履歴書」は、鉄腕投手の稲尾（和久）です。大分県の無名高校で甲子園にも行けなかった稲尾は、当時の西鉄（現・西武）に入団しバッティングピッチャーをさせられますが、しかしそのことに腐らず、不平を鳴らすことはありませんでした。

一九五六年というと、私が五五年に大学を出たので会社に入って一年目です。そのときの私の給料は八千円か九千円ほどでした。この年、稲尾は高校を卒業して入団したのです。

漁師をしている稲尾の家にスカウトが来て、契約金五十万円を現金で積んだ。それを見たお母さんが目を白黒させてひっくり返ってしまったという話も載っていました。

　本人はたいへん喜んで球団に入ったのですが、いっしょに入団した畑（隆幸）という甲子園にも出た投手は、エースで採用され、うらやましいと思っていました。そういう連中はブルペンで練習をしているのに、自分はバッティングピッチャーで、来る日も来る日も二百球ほど投げている。

　しかも、当時の西鉄ですから、中西太や大下（弘）など、すごいバッターがブンブン振り回してくる。打球は自分のすぐそばをうなりをあげてかすめていく。まともに当たったら死ぬかもしれないという恐怖心の中で、毎日二百球投げさせられていた。それでも自分はさほど有名な投手ではないからと、黙々と投げつづけていたわけです。

あるとき、いっしょに入団した二人の高卒の投手、自分よりはるかに有名な選手に、「おまえ、契約金をなんぼもらったんや?」と聞いたら、一人は五百万円、もう一人は八百万円だと答えた。ウチのおふくろは五十万円で目を白黒させてひっくり返ったのに、何ということだろう。聞いてみたら月給も五十万円だと答えるではありませんか。

そこが違うのです。そこで世の中を恨んだり、そねんだり、妬んだりするのが普通の若者なのですが、稲尾の場合は「それはしようがないな」と考えた。あいつらは有名な甲子園ピッチャーだけれども、オレは無名だったんだからしようがないと考えて、黙々とバッティングピッチャーを続ける。そのような人は、どんどん苦労を買うて買うていくわけですね。

騙《だま》されていることを承知の上で、昨日は先発で投げ、今日も途中から登板し、明日も投げる。そうして西鉄は最初の優勝をするわけですが、稲尾はそのことにひと言の不満もいわない。酷使も酷使、こき使われていながら、喜んで投げるのです。

そういう苦労をし、精進をした人が書く自叙伝は、ほのぼのとしながらもすばらしいものになります。やはり心ができていなければ、磨かれていなければ、ああいう文章にはならないし、ああいう体験談にはならないです。

その中に出てきましたが、高校を卒業するとき、商業科にいながら数学も何もできなかった。ほんとうはソロバンができなければ卒業させないのですが、しょうがない、こいつだけは別だというので卒業させてもらった。

そのように勉強もしていない、それっきりの野球人生ですから、そんな人間ができるはずがないのですが、一心不乱に野球に打ち込むことによって、稲尾はすばらしい人間性をつくっていったわけです。

働くということがどのくらい価値のあることか、この話からもわかると思います。

仕事に心血を注ぐことで心が高まる

四つ目は「忍辱《にんにく》」、耐え忍ぶということです。人生、いろんなことに遭遇します。それを耐え忍ぶ、辛抱することが心を高めていく、人間をつくるのですよと、お釈迦さまは教えておられます。

五つ目は「禅定《ぜんじょう》」です。いつもガヤガヤと騒がしい毎日を過ごしているだけに、せめて一日一回、心を鎮め、静かに座禅をする。座禅をしなくてもかまいませんが、我々はいつも、カッカ、カッカとしていますから、それを少しでも鎮め、抑えるのが禅定です。

（いまいいました五つのことをしていくと）宇宙の「智慧《ちえ》」に至ることができます。悟りに至ることができると、お釈迦さまはいっておられます。

つまり、布施、持戒、精進、忍辱、禅定——この五つが心を高めていくもとであり、悟りに近づく道なのです。これらをしていけば人間性が高まっていく、人間ができていくといっておられるわけです。

私は布施ということについて、つまり経営者がもつべき哲学のなかでもっとも大事なのは利他の心だと、一生懸命にいっています。

そして持戒——戒律を守る。自分に都合のよいことばかりを勝手にしてはならない。経営には哲学がいるということです。人間として何が正しいのか、何をやってよいのか、何をやってはならないかということがいるのですよと、お話ししてきました。

そして、精進。誰にも負けない努力をしてください、どんなに苦しかろうとも耐えてがんばってくださいといってきました。

つまり、我々が企業の経営に心血を注いで努力をしていること、それはそのまま、人間性を高める、心を高めることをしているわけです。

少なくともそれを続けることによって人間性を高め、心を高めていき、死ぬ前になったとき、少しはマシな人間になったかと思えるようになって死んでいく。そのことがたいへん大事であり、それが人生の目的なのです。

心が高まれば、人生はおのずからよき方向へ

そのようにして心が高まり、人間ができてくれれば、

どういうことが起こってくるのでしょうか。

我々は事業を通じて必死に修行をし、人間性がよくなっていくところまで到達した。するとどうなるかといえば、よい人間性になっていきますから、よいことを必ず思うし、よいことを必ずするようになります。

そこに因果応報の法則が働いて、人生がよい方向へと向かっていくわけです。ですから、事業はますます好転していきます。よい方向へとつながっていきます。

そういうことをどんどん行っていき、心がよくなっていくと、いままではオレがオレがで、とにかく利益を求めようとしてきたのが、そういうとらわれから離れて全体が見えるようになってくる。

悟りの境地にまでいかなくとも、視点がちょっと変わるだけで、実は物事がよく見えるようになってくるのです。

たとえば、同業者で争いをしている、シェアの取り合いをしている。魑《ち》魅《み》魍魎《もうりょう》、有象無象、オレが取るのだとお互いにワーッとやっている様が見えるのです。

そして、あのオッサン、あのままだったら蹴《け》つまずくぞと思っていると、ほんとうに蹴つまずく。そういう人たちは欲に絡んで、足元も何も見ずにやっているものですから、それが見えてくるわけです。

そうすると、こちらが取りに行かなくても、もらえる、落ちてくるのです。みんなが群がっているすき間から、こぼれてこちらに落ちてくる。ほんとうに不思議なぐらいです。

もちろん、いつもただ見ているだけでなく、仕事もしなければなりませんが、オレがオレがと欲張ってやっている目から離れて、きれいな目で見ると、ほんとうに物事が見えてくるのです。

人生というのは、心をつくっていけばいくほど、物事がうまくいくのです。因果応報の法則でもそうなりますし、自分の心を通してものを見ていくからです。

我々は事業をするのに、目で見て事業はしていません。心を通して物事を見ています。ですから、心のレベルによって、魑魅魍魎、業突く張りの人たちが争っている様が、餓鬼道に堕《お》ちた人たちがうごめいている様がよく見えます。

そして、その中で自分はどういう生き方をしなければならないのかということがわかってきます。

そういう意味で人間性をつくっていくこと、人間性を高めていくことはたいへん大事なことです。それが人生の目的なのです。

生き方の神髄1

稲盛和夫箴言集

1.

私たちはともするると、物事を複雑に考えすぎてしまう傾向がある。しかし、物事の本質は実は単純なものだ。いっけん複雑に見えるものでも、単純なものの組み合わせでできている。

（『生き方』）

2.

人生の結果＝考え方×熱意×能力

この方程式は、普通の人間がどうすれば成功を成し遂げるかということを表している。才能がなくても、誰よりも情熱を燃やして努力する人は、才能に恵まれ、努力をしない人よりも、大きいことを成し遂げることができる。さらに、考え方が人生の成功、不成功を決定づける。

（『成功への情熱』）

3.

まずは「誰にも負けない努力」を重ねることだ。「誰にも負けない努力」とは、その深さや長さにおいて、際限のない努力のことをいう。つまり、一心不乱に仕事に励み、一生懸命に生きているような姿のことだ。そのような壮絶な打ち込みによってこそ、魂はしだいに浄化されていくにちがいない。

（『人生と経営』）

4.

どんなに財産をため込んでも、名声を獲得しても、多くの人を従える権勢を誇っても、人生を終え、死を迎えるときには、肉体をはじめ形あるものは何一つとして持っていくことはできない。しかし、すべてが無に帰してしまうわけでもない。「魂」だけは、人生の結果として残り、さらには来世まで持ちこすことができる。ならば、人生の目的とは美しい魂をつくることにあり、人生とはそのように魂を磨くために与えられた、ある一定の時間と場所にほかならない。

（『人生の王道』）

5.

短兵急をめざしても、まず今日一日を生きないことには明日は訪れない。かくありたいと思い描いた地点まで一《いっ》瀉《しゃ》千里に行く道などない。千里の道も一歩からで、どんな大きな夢も一歩一歩、一日一日の積み重ねの果てに、やっと成就するものなのだ。

(『生き方』)

6.

大きな志を実現していくには、多くの人々の力を結集していかなければならない。そのときに大切になるのが、「正しい道義」である。高邁《こうまい》な志をもって、ひたむきに努力を続ける人のまわりには、自然と志を同じくする人が集まってくる。そのようにして末広がりに仲間が増えていくことで、やがて当初想像もできなかった偉大な成功を実現することができる。

(『人生の王道』)

7.

思いが実現するまでには時間がかかる。今日いいことを思ったからといって、明日いい結果が生まれるとは限らない。しかし、二十年、三十年といった長いスパンでみれば、必ず帳尻《ちょうじり》は合ってくるはずである。

（『人生と経営』）

8.

私は、「善《よ》き思い」をもつと運命が好転するのは、人を助けるような美しい思いが宇宙の法則にかなっているからだと考えている。宇宙には、すべてのものを成長発展させる自然の力が流れている。これは、宇宙の法則とも呼べるものだ。この宇宙の法則と順行するか逆行するかで、人々の運命は決まってくる。

（『人生と経営』）

9.

試練とは苦難だけをいうのではない。成功もまた天が人に与える試練だ。少しばかりの成功に酔いしれ、傲慢《ごうまん》になっていく人は、最後には自分自身の欲の深みにはまって沈んでいく。謙虚さを忘れた経営者が舵《かじ》を取る企業が、長く繁栄を続けた試しはない。

（『人生の王道』）

10・

心を高めるということは、生まれたときよりも少しでも美しい心になって死んでいくことだと思う。生まれたときよりは死ぬときの魂のほうが少しは進歩した、少しは心が磨かれたという状態。それは、身勝手で感情的な自我が抑えられ、心に安らぎを覚え、やさしい思いやりの心がしだいに芽生え、わずかなりとも利他の心が生まれるというような状態だ。また、そのように心を高めていくことこそが、我々が生きる目的だ。

(『生き方』)

出典（いずれも稲盛和夫著・一部改変したものがあります）

1.『生き方』83p（サンマーク出版）
2.『[新装版]成功への情熱』34、35p（PHP研究所）
3.『人生と経営』198p（致知出版）
4.『人生の王道』225p（日経BP社）
5.『生き方』65p（サンマーク出版）
6.『人生の王道』234p（日経BP社）
7.『人生と経営』131p（致知出版）
8.『同』132p
9.『人生の王道』52p（日経BP社）
10.『生き方』136p（サンマーク出版）

稲盛和夫（いなもり・かずお）　一九三二年、鹿児島生まれ。鹿児島大学工学部卒業。五九年、京都セラミック株式会社（現・京セラ）を設立。社長、会長を経て、九七年より名誉会長。また、八四年に第二電電（現・ＫＤＤＩ）を設立、会長に就任。二〇〇一年より最高顧問。一〇年には日本航空会長に就任。代表取締役会長、名誉会長を経て、一五年より名誉顧問。一九八四年には稲盛財団を設立し、「京都賞」を創設。毎年、人類社会の進歩発展に功績のあった人々を顕彰している。

著書に『生き方』『心。』『京セラフィロソフィ』（いずれも小社）、『働き方』（三笠書房）、『考え方』（大和書房）など、多数。

稲盛和夫オフィシャルホームページ
https://www.kyocera.co.jp/inamori/

【稲盛ライブラリー】

稲盛和夫の人生哲学、経営哲学をベースとして技術者、経営者としての足跡や様々な社会活動を紹介しています。
■所在地　京都市伏見区竹田鳥羽殿町9番地（京セラ本社ビル南隣り）
■開館時間　午前10時～午後5時
■休館日　土曜・日曜・祝日および会社休日
https://www.kyocera.co.jp/company/csr/facility/inamori-library/

どう生きるか なぜ生きるか

二〇二一年 一月 五日 初版印刷
二〇二一年 一月十五日 初版発行

著 者 稲盛和夫
発行人 植木宣隆
発行所 株式会社 サンマーク出版
〒一六九-〇〇七五
東京都新宿区高田馬場二-一六-一一
（電）〇三-五二七二-三一六六

印刷 共同印刷株式会社
製本 株式会社若林製本工場

ISBN 978-4-7631-3881-1 C0030
ホームページ https://www.sunmark.co.jp